МАТРИЦЯ BCG

Ключ до управління портфелем

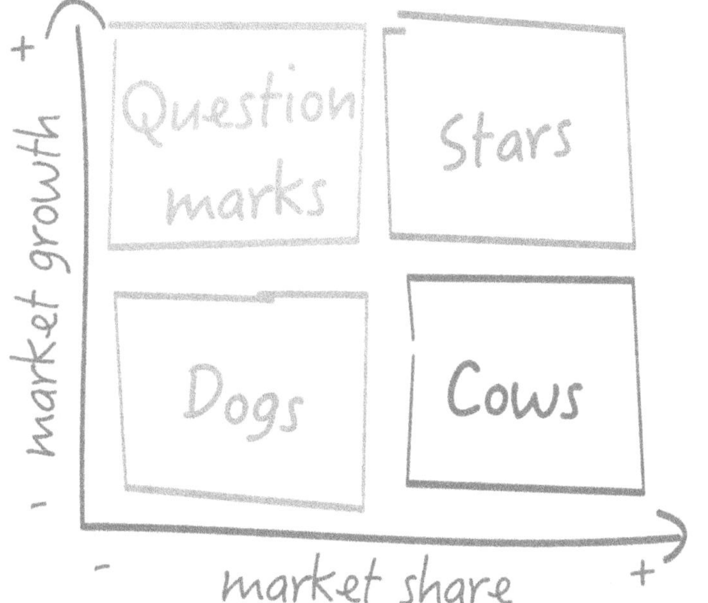

МАТРИЦЯ BCG

Ключ до управління портфелем

написаний Thomas del Marmol
перекладено Yaroslav Melnik

МАТРИЦЯ BCG: ТЕОРІЯ ТА ЗАСТОСУВАННЯ

КЛЮЧОВА ІНФОРМАЦІЯ

- **Назви:** Матриця БКГ, матриця БКГ, матриця БКГ, матриця продуктового портфеля, Бостонська матриця, аналіз Бостонської консалтингової групи, портфельна діаграма. Назва походить від назви Бостонської консалтингової групи – міжнародної компанії, що займається стратегічним консалтингом, яка розробила концепцію матриці.

- **Використання:** В першу чергу використовується менеджерами, які хочуть спостерігати за відносною важливістю видів діяльності у своєму портфелі. Він надає рекомендації щодо портфеля, заохочуючи інвестиції, підтримку або вилучення видів діяльності.

- **Чому вона успішна?** При правильному використанні вона дозволяє керівникам дізнаватися більше про свою діяльність та приймати найкращі рішення щодо розподілу ресурсів та навичок.

- **Ключові слова: СЗГ,** стратегічний інструмент, відносна частка ринку, темпи зростання ринку, зірки, дійні корови, знаки питання, собаки, лідер, послідовник, самофінансування, ефект масштабу, цикл зрілості ринку, матриця GE, портфельна матриця Ешріджа.

Сьогодні загальновизнаною є необхідність наявності у менеджера портфеля різноманітних видів діяльності та вміння максимально ефективно управляти всіма його напрямками. Дійсно, кожен, хто хоча б на мить відволічеться від розвитку свого бізнес-портфеля, буде швидко покараний за свою недбалість. Однак управління такою діяльністю є нелегкою справою, і багато компаній, які вважали себе непереможними, зазнали краху в результаті поганого аналізу ринку або переоцінки своїх сил.

Матриці управління портфелем з'явилися, щоб допомогти цим менеджерам, дозволивши їм краще зрозуміти вплив різних СБО (стратегічних бізнес-одиниць).

 КОРИСНО ЗНАТИ: СБУ

СБО – це підрозділ компанії, якому керівник може прийняти рішення про виділення або вилучення ресурсів. Поділ компанії на СБО відповідає організаційним потребам і забезпечує кращий огляд різних підрозділів всередині компанії. Кожна СБО може керуватися автономно і незалежно, залежно від рішень компанії.

Історія

Бостонська консалтингова група була заснована Брюсом Д. Хендерсоном (1915-1992) у 1963 році і швидко перетворилася на одну з найбільших стратегічних консалтингових компаній у світі, що має понад 80 офісів у майже 50 країнах світу. BCG працює з компаніями широкого спектру галузей, включаючи енергетику, охорону здоров'я, автомобільну промисловість та телекомунікації. Однією з її головних інновацій є створення матриці BCG growth-share.

Матриця BCG була розроблена в 1960-х роках і дозволяє користувачам визначати відносну ринкову частку того чи іншого виду діяльності, а також оцінювати пов'язане з ним зростання ринку. Конкретно це означає, що матриця дозволяє менеджерам вибрати види діяльності, що приносять прибуток або мають високий потенціал, види діяльності, що знаходяться в занепаді, і види діяльності з високим ризиком краху.

Матриця BCG з'явилася в той час, коли розуміння ринкових механізмів мало велике значення. У той час процес прийняття рішень був центральним для багатьох питань у фінансовому співтоваристві. Тому контекст був сприятливим для розробки та використання матриці, яка пропонувала ряд інструментів, що полегшували менеджерам прийняття рішень щодо розподілу ресурсів. Як наслідок, вона була дуже добре сприйнята і швидко прийнята бізнес-лідерами.

Визначення моделі

Матриця BCG пропонує користувачеві розділити різні СЗГ на основі їх очікуваного зростання та відносної частки ринку. Таким чином, вона базується на двох осях і поділяє СЗГ на чотири категорії: зірки, дійні корови, знаки питання та собаки. Завдяки цій моделі менеджери можуть зробити найкращий вибір при розподілі ресурсів між різними СБО. Матриця також дозволяє їм отримати краще уявлення про бізнес та визначити, які напрямки стратегічної діяльності слід розвивати, а які — ні.

ТЕОРІЯ

КОНТЕКСТ І КОНЦЕПЦІЯ

Матриця BCG є одним з найбільш поширених інструментів управління портфелем для менеджерів. Вона є частиною більшої колекції матриць розподілу ресурсів, включаючи матриці McKinsey та Ashridge. Основна мета цих моделей — полегшити процес прийняття рішень керівниками, особливо коли йдеться про розподіл обмежених ресурсів (грошових, матеріальних чи інтелектуальних) між різними СБ України. Іншими словами, вони спрямовані на створення узгодженого плану внутрішнього розподілу ресурсів між СБ на основі їхньої привабливості (яка пов'язана з отриманням прибутку, потенціалом розвитку тощо), а також можливостей для синергії між СБ. Всі вони мають два напрямки: перший пов'язаний з особливостями ринку, а другий — з сильними сторонами компанії.

Матриця BCG дозволяє нанести різні стратегічні бізнес-одиниці компанії на графік з двома осями:

- Вертикальна вісь відповідає темпам зростання ринку, тобто потенціалу розвитку ринку в найближчі роки. Прийнято вважати, що на зростаючому ринку спостерігається збільшення обсягу продажів приблизно на 5%.

- Горизонтальна вісь відображає відносну частку ринку СБУ. Для розрахунку відносної частки ринку зазвичай використовується співвідношення: відносна частка СБУ до частки ринку основного конкурента.

- ○ Наприклад, якщо я маю 15% частки ринку, а мій конкурент — 10%, то моя відносна частка ринку буде дорівнювати 1,5, оскільки генерує цей результат.

Відносна частка на ринку вважається значною, якщо її значення перевищує 1,25.

 ВАЖЛИВО ЗНАТИ: ЛІДЕР ЧИ ПОСЛІДОВНИК?

Для бізнесу бути "лідером" означає займати домінуючу позицію для продукту на певному ринку та бути визнаним колегами як "топ-менеджер" (перша компанія, яка спадає на думку) у своїй категорії. І навпаки, "послідовник" має лише невелику частку ринку і тому змушений підлаштовуватися під конкурентів, якщо хоче вижити на ринку (Lambin and Moerloose, 2008).

Наслідки цієї моделі дозволяють користувачам зрозуміти різні моменти, які необхідно враховувати, перш ніж визначати пріоритетність певних видів діяльності. Дійсно, хоча діаграма чітко показує, що зростаючий ринок у поєднанні зі значною ринковою часткою є надзвичайно привабливим для менеджерів, не завжди легко зрозуміти, що робити з видами діяльності, які представляють значну ринкову частку на ринках, що перебувають у стагнації або зменшуються. Питання СГД з низькою ринковою часткою на ринках, що зростають в геометричній прогресії, також викликає багато запитань. Завдяки вищезазначеній інформації ми можемо розділити діаграму на чотири квадранти, щоб розрізнити різні типи СГД та їх грошові потоки. Грошовий потік розраховується з використанням балансу поточного фінансового року (загальна сума амортизації та резервів + чистий прибуток після оподаткування та до потенційного перерозподілу прибутку) і вказує на фінансову автономію компанії.

- **Зірки** представляють сфери бізнесу зі значною відносною ринковою часткою на зростаючому ринку. Можна припустити, що види діяльності в цьому квадранті часто є лідерами ринку і потребують значних і постійних інвестицій для підтримки свого зростання, протистояння тиску з боку конкурентів. При цьому результати з лишком окуплять ці інвестиції, оскільки ці види діяльності генерують значні прибутки для керівника.

- **Собаки**, яких іноді називають домашніми улюбленцями, розташовані в правому нижньому квадранті. Вони представляють СБП, що знаходяться на ринку з низькими темпами зростання та низькою відносною часткою ринку. Це часто занепадаючі види діяльності, які конкурують на ринках, де домінують певні конкуренти (конкурентна перевага). Такі "старіючі" види діяльності можуть вимагати значних інвестицій, але в кінцевому підсумку давати незначні результати або взагалі не давати їх. Саме тому, як правило, доцільно відмовитися від таких видів діяльності: їх продовження може зашкодити бізнесу.

- **Дійні корови – це види** діяльності з досить високою часткою ринку в секторах, що занепадають. Ці види діяльності часто встановлюють домінування над своїми конкурентами на зрілому ринку, а тому потребують лише обмежених інвестицій. Дійсно, стан ринку, ймовірно, не призведе до появи нових учасників і не буде мотивувати існуючих конкурентів витісняти тих, хто вже присутній на ринку. Ефект досвіду, зокрема завдяки ресурсам, ключовим компетенціям та економії на масштабах, дозволяє компанії досягати вищих прибутків, ніж її конкуренти. Метою такої діяльності є більше не розвиток, а "доїння" отриманого прибутку. Тому вони часто відповідають за значні фінансові притоки та уможливлюють інвестиції, зокрема в зірки та знаки питання.

👁 КОРИСНО ЗНАТИ: ЕФЕКТ ДОСВІДУ

Ефект досвіду спостерігається тоді, коли виробляється більше продукції (ефект масштабу), коли процес стає більш систематизованим (стандартизація) або коли досвід стає дедалі сильнішим (ефект навчання). Як наслідок, собівартість одиниці продукції знижується (Lendrevie and Lévy, 2013).

- **Знаки питання**, також відомі як "проблемні діти", включають види діяльності, які мають відносно низьку частку ринку на ринках, що розвиваються. Як випливає з їхньої назви, ці види діяльності становлять справжню проблему для менеджерів. Однак, ці СЗГ також представляють чудову можливість для майбутніх прибутків, за умови, що великі суми будуть інвестовані на ранній стадії. Коли діяльність відбувається на ринку, що активно зростає, ще можна наздогнати лідера, поступово забираючи його частку ринку завдяки інвестиціям. Складність завдання полягає у виборі СБУ, яка має достатній потенціал, щоб претендувати на лідируючі позиції на ринку і стати зіркою в майбутньому. Якщо очікувані інвестиції не будуть отримані або будуть занадто малими, діяльність може перетворитися на "собаку", коли ринок досягне зрілості. Тому знакам питання слід приділяти особливу увагу. Рекомендується мати їх декілька, оскільки не всі з них стануть зірками, але обирати їх слід ретельно.

ПЕРЕВАГИ ВИКОРИСТАННЯ МАТРИЦІ BCG GROWTH-SHARE

Матриця BCG дозволяє керівникам отримати чітке довгострокове бачення різних СБО. Вона дає можливість позиціонувати бізнес-напрямки, бачити їх місце в матриці та краще управляти розподілом ресурсів. Використовуючи її, менеджери можуть приймати рішення щодо майбутнього СБО за найкращих умов: вони дізнаються, які з них потрібно ліквідувати, а в які варто інвестувати.

Матриця також дозволяє користувачам зрозуміти різні потреби для розвитку певних видів діяльності. Вона вимагає від керівника думати про ринок і проводити внутрішній аналіз СБУ з метою визначення їх потенціалу зростання. Таким чином, керівництво може зробити оцінку необхідних інвестицій.

Нарешті, матриця BCG нагадує про те, що прибуток деяких СБУ має бути спрямований на діяльність з високим потенціалом розвитку. Це допоможе співробітникам і керівникам усвідомити важливість економного витрачання коштів, навіть якщо діяльність приносить високий прибуток.

ОБМЕЖЕННЯ ТА ПРОДОВЖЕННЯ

ПОПЕРЕДНІ ПРИПУЩЕННЯ

Застосування цієї моделі вимагає від користувачів прийняття двох попередніх припущень:

- **Самофінансування.** Матриця BCG нехтує можливістю зовнішнього фінансування компанії. Вона в основному використовує модель життєвого циклу продукту, описану вище, щоб пояснити потребу в різних СБО на різних стадіях зрілості ринку, щоб мати можливість фінансувати діяльність з найбільшим потенціалом. Можливість зовнішнього фінансування за рахунок боргових зобов'язань або акціонерів не береться до уваги.

- **Ефект досвіду.** Ця матриця є дійсно релевантною лише тоді, коли існує ефект досвіду на користь лідера ринку. У випадках, коли ефект досвіду є обмеженим, компанія-лідер на ринку не обов'язково буде більш прибутковою, ніж її послідовники, що ставить під сумнів достовірність моделі.

Важливо завжди враховувати ці припущення, спостерігаючи за ринком, перш ніж застосовувати матрицю BCG "зростання-частка". Адже поганий аналіз ринку може підірвати ефективність моделі та призвести до прийняття менеджером неправильних рішень.

ОБМЕЖЕННЯ ТА КРИТИКА

Хоча матриця BCG вважається корисним інструментом, який надає цінну допомогу менеджерам, які бажають здійснювати моніторинг різних видів діяльності, вона, тим не менш, має ряд обмежень, про які важливо знати. Наведені вище припущення є обмежувальними, але їх можна легко перевірити на практиці. Крім того, необхідно уточнити ряд моментів.

Неточна термінологія

Деякі з використовуваних термінів нелегко визначити або кількісно оцінити. Дійсно, в залежності від характеристик ринку, одна і та ж відносна частка ринку може здаватися високою або низькою. Більше того, один і той самий ринок може визначатися по-різному різними менеджерами, що ускладнює розрахунок. Тому результати можуть відрізнятися залежно від способу визначення ринку.

Наприклад, якщо компанія продає ручки, чи повинна вона вважати продавців олівців та продавців програмного забезпечення для обробки текстів конкурентами?

Керівник часто схильний обирати рішення, яке йому найбільше підходить, ризикуючи отримати в результаті "дійну корову" або "собаку". Таким чином, відповідь, отримана за допомогою ринку акцій зростання, зазвичай базується на суб'єктивних критеріях, характерних для менеджерів, що дало привід критикам матриці стверджувати, що рішення гальмується впливом її користувача.

Крім того, відстань між квадрантами може змінюватися залежно від використаного довідкового матеріалу. Межа між знаком питання і собакою іноді може здаватися розмитою.

Надмірне спрощення складного світу

Хоча ця модель дійсно дає гарне загальне уявлення про позиціонування кожної СБУ, ми не можемо бути впевненими, що після розподілу на категорії вся діяльність автоматично піде описаним вище шляхом. Не всі собаки приречені на трагічний кінець, описаний вище, так само, як і дійні корови не завжди є постійними джерелами доходу. Насправді, собака може бути цілком успішною, якщо реалізується стратегія диференціації по відношенню до лідера, і може приносити прибуток протягом певного періоду. Керівника "дійної корови" може також деморалізувати, якщо весь її прибуток постійно перерозподіляється на незрозумілу і незнайому йому діяльність. У цьому випадку поведінка працівників не береться до уваги, що може призвести до помилок у розвитку, передбаченому матрицею BCG "зростання – частка". Нарешті, деякі синергії можуть привести керівника до усвідомлення того, що діяльність, яка знаходиться в квадранті "собаки", повинна бути збережена, оскільки вона сприяє іншим видам діяльності.

Діємо за результатом

Тому зрозуміло, що висновок, зроблений за допомогою матриці BCG, слід розглядати скоріше як орієнтир, що вказує напрямок руху, ніж як чітку і точну рекомендацію. Не рекомендується базувати всю політику виключно на результатах поспішно застосованої матриці частки зростання. Оскільки економічний світ є складним, прогнози матриці часто виявляються лише частково точними. Тому результати матриці BCG повинні аналізуватися і застосовуватися з обережністю, щоб уникнути помилок у судженнях, які можуть призвести до краху СББ. Наприклад, не обов'язково відмовлятися від СБУ в категорії "собаки" на користь інших, більш прибуткових підрозділів, оскільки вона вже може приносити користь іншим СБУ, надаючи їм навички, необхідні для розвитку в потрібному напрямку.

СПОРІДНЕНІ МОДЕЛІ ТА РОЗШИРЕННЯ

Існує низка додаткових матриць до моделі "зростання-частка", в тому числі:

- Матриця GE від McKinsey

- портфельна матриця Ешріджа.

Використовуючи ці нові матриці, менеджер може врахувати певні фактори, пов'язані з привабливістю ринку, якими нехтує матриця "зростання-частка". Це, в свою чергу, дозволяє сформувати найкращий з можливих бізнес-портфелів.

Матриця GE від McKinsey

Ця матриця була розроблена компанією McKinsey & Company, яка спеціалізується на стратегічному консалтингу. Фірма, заснована у 1920 році Оскаром Джеймсом МакКінсі (1889-1937), має на меті консультувати та допомагати бізнесу процвітати в умовах турбулентного економічного середовища. Маючи офіси по всьому світу, McKinsey &

Company має надійну репутацію, засновану на високих цінностях стратегічного консалтингу.

Матриця, розроблена у 1970-х роках, пов'язує привабливість ринку (ключові фактори зовнішнього середовища) та конкурентні переваги СБУ (конкурентна спроможність СБУ на ринку).

Тому розглянуті тут фактори дещо відрізняються, оскільки вони більше зосереджені на конкурентних перевагах СБУ, ніж на її частці на ринку. Це дає можливість врахувати переваги, до яких може призвести гарний імідж бренду, передові технологічні ресурси тощо. Крім того, використання привабливості ринку, а не темпів його зростання, дозволяє врахувати такі фактори, як наявність сприятливого законодавства. Таким чином, очевидно, що матриця GE є набагато більш досконалим діагностичним інструментом, ніж матриця BCG, оскільки вона враховує низку факторів, які раніше не бралися до уваги.

Нарешті, варто зазначити, що ця матриця пропонує нейтральні ситуації, що дозволяє менеджеру вибирати відповідно до своїх уподобань або обставин, які він вважає сприятливими або несприятливими для інвестування.

Портфельна матриця Ешріджа

Розроблена Майклом Голдом та Ендрю Кемпбеллом, портфельна матриця Ешріджа пропонує нове бачення управління портфелем, оскільки підкреслює здатність керівництва розуміти СБУ та діяти відповідно до цього. Дійсно, якщо керівництво не здатне зрозуміти потреби розвитку СБУ, його інвестиції можуть бути розподілені нераціонально. Аналогічно, якщо керівництво не має навичок для підвищення ефективності роботи СБУ, будь-які інвестиції будуть марними. З цього спостереження випливають чотири види діяльності:

- Основні напрямки діяльності, які менеджер розуміє і здатен виконувати;

- Баластні види діяльності, які керівник розуміє, але не має необхідних навичок для вдосконалення;

- Діяльність у пастці цінності, коли загальне керівництво може покращити показники, але не обов'язково розуміє причини цього;

- Чужі види діяльності, які явно непридатні, оскільки менеджери не розуміють логіки, що лежить в їх основі, і не мають навичок їх освоєння.

Такий підхід дозволяє користувачам зосередити увагу як на керівництві, так і на СБУ, ефективність діяльності якої необхідно покращити. Цей взаємозв'язок раніше залишався поза увагою теоретиків, які зосереджувалися переважно на ринку та діяльності.

На закінчення, об'єднання цих різних підходів може бути тільки корисним для керівника. Включення конкурентних переваг, привабливості ринку та взаємодії між СБУ та керівництвом покращить здатність керівника аналізувати розподіл ресурсів між різними СБУ.

ПРАКТИЧНЕ ЗАСТОСУВАННЯ

ПОРАДИ ТА РЕКОМЕНДАЦІЇ

Важливість визначення ринку

Як ми бачили, визначення ринку не завжди є простим і може створити багато проблем для менеджера. Менеджер повинен їх уникати:

- зосередження на надмірно вузькому ринку, з ризиком нехтування великою кількістю потенційних конкурентів;

- орієнтуватися на занадто великий ринок, оскільки це може призвести до тривалих, виснажливих досліджень, які вимагають значних витрат часу та грошей.

Дуже важливо визначити правильний ринок, оскільки від цього залежить загальний аналіз матриці BCG "зростання – частка ринку". Тому рекомендується, щоб користувачі приділили час аналізу ринку перед застосуванням моделі. Вони не повинні соромитися звертатися за допомогою до фахівців ринку, які зможуть дати їм пораду щодо найкращого можливого контуру, беручи до уваги ресурси і час, доступні менеджеру.

Розподіл СБУ в матриці BCG "зростання-частка

Для керівника важливо, щоб СЗГ перебували в усіх квадрантах матриці BCG "частка зростання – частка участі". Вони повинні подбати про те, щоб уникнути діяльності лише в одному квадранті. Наприклад, хоча наявність тільки дійних корів буде прибутковою в короткостроковій перспективі, в цьому випадку майбутнє буде невизначеним. Крім того, компанія ризикує здатися споживачам старою або застарілою. Так само керівник, який володіє лише знаками питання, ризикує швидко відчути фінансові проблеми, і незабаром буде змушений припинити будь-яку діяльність. Для досягнення балансу між старіючими, але прибутковими видами діяльності та молодими, перспективними видами діяльності, які потребують постійних та значних інвестицій, рекомендується розподіляти СЗГ по всіх квадрантах моделі "частка зростання".

Передбачаючи еволюцію СБУ

На цьому етапі читач може побачити, що позиціонування стратегічних видів діяльності на матриці BCG "зростання-частка" є непростим завданням. Багато труднощів можуть порушити вибране позиціонування і призвести до швидкого занепаду СЗГ. Більше того, досвідчений менеджер, який врахував усі різноманітні елементи та характеристики ринку, не може дозволити собі ні хвилини перепочинку, коли він правильно визначив та розмістив СЗГ на моделі. Дійсно, позиція кожного виду діяльності в матриці BCG "зростання-частка" не є постійно фіксованою. Для кожного представленого виду діяльності можливі декілька сценаріїв розвитку. Тому кожен вид діяльності повинен бути детально вивчений для того, щоб дати компанії найкращі шанси на успіх. Тому важливо заповнити матрицю частки зростання BCG, яка описує різні можливі сценарії для кожної СБО. Для цього існують різні можливі варіанти, як показано на схемі нижче.

- **Інноваційний шлях.** Це відповідає прямому потраплянню ВРП у верхній лівий квадрант зірок. Компанія, яка реінвестує отриманий прибуток (зокрема, від "дійних корів") в НДДКР (науково-дослідні та дослідно-конструкторські роботи), може розраховувати на те, що вона піде інноваційним шляхом. Ці реінвестовані гроші дозволяють з'явитися новим навичкам і ресурсам, що призведе до створення нової СБО з конкурентною перевагою над конкурентами. Згодом, коли ринок досягне зрілості, очікується, що ці види діяльності стануть "дійними коровами", які, в свою чергу, будуть інвестувати в НДДКР.

- **Шлях послідовника.** Аналогічно, прибуток, отриманий від дійних корів, може бути інвестований у знаки питання, які мають сильний потенціал зростання. Завдяки таким інвестиціям вони можуть розвиватися і з часом зайняти лідируючі позиції на ринку.

- **Шлях до катастрофи.** Не всі сценарії настільки оптимістичні, як ті, що розглядалися раніше. Насправді, якщо діяльність у квадранті зірок не отримує очікуваних інвестицій, вона може швидко опинитися у квадранті собак. Це також може статися, якщо компанія не зможе належним чином проаналізувати очікування споживачів та ключові фактори успіху.

- **Шлях посередності.** Цей шлях включає в себе види діяльності, які потрапляють в квадрант знаків питання і не здатні еволюціонувати в зірки. Ці види діяльності в кінцевому підсумку стагнують між категоріями "собака" і "знак питання", що призводить до значного витоку коштів при незадовільних результатах.

Керівник, який бажає застосувати матрицю BCG, повинен мати на увазі різні можливі сценарії розвитку подій і, таким чином, уникати зосередження лише на позитивних шляхах, якими можуть піти СБУ. Успіх вимагає розробки відповідей на небажані сценарії, з якими може зіткнутися будь-яка компанія.

Комплементарне використання матриць управління портфелем

Хоча переваги матриці BCG є очевидними, вона також має певні обмеження. Одним з них є те, що модель базується на надмірному спрощенні і не враховує всіх особливостей ринку.

З моменту появи матриці BCG, інші моделі також мали певний успіх у менеджерів з точки зору управління портфелем. До них відносяться матриця GE компанії McKinsey та портфельна матриця Ешріджа, які допомагають менеджеру поглибити свої знання про ринок та його діяльність, а також отримати додаткове бачення найкращих варіантів розподілу коштів, які необхідно зробити.

ТЕМАТИЧНЕ ДОСЛІДЖЕННЯ

Візьмемо приклад всесвітньо відомої компанії, створеної у 1970-х роках. Вона об'єднує велику кількість сфер діяльності з різних галузей. Це, зокрема, авіакомпанії, залізнична компанія, видавництво і навіть компанія, що займається космічним туризмом. Компанія є конгломератом, тобто об'єднує велику кількість видів діяльності, які не мають дуже чіткої синергії між собою. Метою засновника компанії було забезпечити зростання компаній шляхом інвестування коштів та навичок. У 2012 році оборот групи склав близько 13 мільярдів фунтів стерлінгів, в ній працює близько 50 000 осіб по всьому світу.

Цей кейс є надзвичайно цікавим, якщо аналізувати його в контексті матриці BCG, оскільки він допомагає зрозуміти, як одним СБУ вдається підтримувати інші, хоча між ними немає жодної схожості. Стратегія Річарда Бренсона полягає в тому, щоб допомогти багатьом компаніям процвітати шляхом викупу та передачі навичок. Тому для того, щоб ця стратегія була успішною, необхідні значні кошти. З цією метою деякі напрямки існуючої діяльності повинні допомогти фінансувати нові види діяльності, які, як вважається, мають певний потенціал для використання.

На цьому етапі, перш ніж пояснювати модель, необхідно прояснити деякі моменти, щоб її можна було повністю зрозуміти.

- По-перше, не всі види діяльності компанії представлені в моделі для того, щоб зробити її більш зрозумілою для читача. Представлені лише деякі з них.

- Далі, низька кількість активностей у квадранті "собаки" пояснюється тим, що група намагається уникати ведення активностей у цьому напрямку. Крім того, з огляду на поточну активність, важко передбачити, які СБУ в кінцевому підсумку перейдуть до цього квадранту.

- Нарешті, як зазначалося вище, матриця BCG – це інструмент, який повинен регулярно оновлюватися, тобто результати одного дня можуть змінитися наступного дня. Тому ця модель може швидко еволюціонувати в найближчі роки.

З'ясувавши ці моменти, можна переходити до застосування матриці BCG "зростання-частка компанії":

- До СБУ, які вже добре себе зарекомендували, відносяться авіакомпанії. Перша авіакомпанія була заснована у 1980-х роках. З того часу вона процвітала і змогла розширитися: сьогодні вона досягла певної зрілості. Очолюючи бренд компанії, саме завдяки цьому компанія заслужила репутацію безпеки і надійності, як в авіаційній сфері, так і в решті своєї продукції. Такий вид діяльності, що є чудовим прикладом концепції "дійна корова", дозволяє компанії залучати значну кількість коштів, які використовуються не тільки в її розвиток, але і в розробку нових БпАК з високим потенціалом. Тим не менш, "дійні корови" не вічні, оскільки, незважаючи на те, що компанія досягла успіху з авіакомпанією, те ж саме не можна сказати про залізничну компанію. Після приватизації залізничної мережі у Великобританії в 1990-х роках, компанія вирішила скористатися своєю доброю репутацією у сфері авіаперевезень та інвестувати значні кошти в цей новий ринок. Сильна конкуренція вимагає постійних інвестицій і не дозволяє перерозподіляти значну частину прибутку на нові ринки, що пояснює, чому залізнична компанія перейшла в "собачий квадрант".

- Сфери розваг та медіа – два види діяльності компанії, які знаходяться у квадранті зірок матриці BCG "зростання-частка":

  - Оскільки світ телекомунікацій та інтернету постійно розвивається, утримувати місце серед еліти надзвичайно вигідно, але це вимагає значних інвестицій. Медіакомпанії зіткнулися з багатьма фінансовими труднощами в цій сфері, щоб зберегти свої позиції в різних країнах світу. У Франції одна з компаній групи була змушена подати заяву про банкрутство у 2013 році в результаті скачування (легального, але, перш за все, нелегального) музики в Інтернеті.

  - Що стосується сфери розваг, то група дуже активна в цьому секторі. Різні джерела доходу, в тому числі від музики, забезпечують комфортну фінансову безпеку. Однак проблеми в медіа-бізнесі поширюються і на сферу розваг.

- Крім того, така компанія, що базується на купівлі та розробці нових СБУ з високим потенціалом зростання, повинна мати у своєму портфелі низку видів діяльності, що викликають сумніви. Відносно нещодавня зацікавленість компанії у фінансах наразі свідчить про невизначеність майбутніх перспектив, що особливо актуально в умовах глобальної кризи. Крім того, такі компанії, як підприємство, що займається космічним туризмом, не дуже співзвучні з нинішніми реаліями, а саме зниженням купівельної спроможності населення. Тому цей вид діяльності може одними з перших зіткнутися з наслідками нинішньої кризи.

- Нарешті, навіть якщо в квадранті "собаки" немає жодного виду діяльності, компанія позбулася деяких видів діяльності, які могли б вписатися в цю категорію. Компанія, яка орієнтується на потенціал нових видів діяльності, завжди повинна враховувати ризики, притаманні будь-яким інвестиціям.

Підсумовуючи, слід зазначити, що цій групі вдалося знайти хороший баланс між напрямками своєї діяльності. Діяльність, яка добре себе зарекомендувала, призначена для фінансування розвитку нових видів діяльності, які, в свою чергу, якщо прогнози будуть правильними, дадуть кошти для запуску нових проектів. Однак нелегко з упевненістю визначити шлях, яким підуть бізнес-напрямки з сильним потенціалом, оскільки завжди існує великий елемент ризику при вливанні коштів у ці види діяльності. Використання матриці BCG "зростання-частка" дозволяє менеджерам отримати ясність вибору, пов'язаного з придбанням, а також з інвестиціями та розвитком СБО.

РЕЗЮМЕ

- Матриця BCG – це інструмент для аналізу бізнес-портфеля компанії. Вона була розроблена Бостонською консалтинговою групою у 1960-х роках і досі користується великою популярністю серед менеджерів.

- Ця матриця дозволяє менеджерам розуміти та спостерігати за відносною важливістю видів діяльності у своєму портфелі.

- Він об'єднує відносні ринкові частки компаній на осі абсцис та темпи зростання ринку на осі ординат.

- Залежно від ситуації в квадрантах зірок, дійних корів, знаків питання і собак доцільно вкладати кошти, підтримувати або позбавлятися від діяльності.

- Ряд припущень, таких як самофінансування та ефект досвіду, повинні бути підтверджені для забезпечення правильної роботи матриці.

- Певна нечіткість, спрощення термінів та суб'єктивність менеджерів призводить до того, що матриця іноді є неточною та має певні обмеження.

- Вона є додатковим інструментом до матриці GE McKinsey та портфельної матриці Ешріджа. Використання її самої по собі, хоча і є цікавим, але не обов'язково є достатнім.

- Матриця повинна постійно оновлюватися з плином часу, особливо на швидкозростаючих ринках.

- Розвиток СБУ з плином часу може призвести до того, що протягом свого життєвого циклу вони можуть йти різними шляхами.

- Приклад конгломерату добре демонструє роботу матриці BCG "зростання-частка" і допомагає нам зрозуміти принцип, за яким фінансуються нові СБУ.

ЧИТАТИ ДАЛІ

БІБЛІОГРАФІЯ

сайт *beCompta:* http://www.becompta.be

Сайт *Бостонської консалтингової групи*: http://www.bcg.com/

Deppe, A. (Без даты) Séquence 4 : La démarche stratégique à l'international. *Marketing International.* [Онлайн]. [Accessed 6 May 2014]. Available from: < http://foad.refer.org/IMG/pdf/Sequence_4-2.pdf>.

Giboin, B. (2012) *La booth à outils de la stratégie.* Paris: Dunod.

Джонсон, Г., Скоулз, К., Віттінгтон, Р. та Фрі, Ф. (2008) *Стратегія.* [8-е видання]. Париж: Pearson Education.

Ламбен, Ж.-Ж. та де Мурлуз, К. (2008) *Маркетинг стратегічний та операційний. Du marketing à l'orientation de marché.* [7-е видання]. Paris: Dunod.

Лендреві, Ж. та Леві, Ж. (2013) *Меркатор 2013. Теорія та новітні практики маркетингу.* [10-е видання]. Париж: Dunod.

Маршесне, М. (1993) *Стратегія управління.* Париж: Eyrolles. с. 5-6.

Сайт *McKinsey:* http://www.mckinsey.com/

Саїас, М. та Метаїс, Е. (2001) *Стратегія підприємництва: еволюція мислення. Finance. Контроль. Stratégie.* 4(1), pp. 183-213.

Сайт *стратегічного маркетингу:* http://www.marketing-strategique.com/

Сайт *Діви Марії:* http://www.virgin.com/

ДОДАТКОВІ ДЖЕРЕЛА

Армстронг, Дж. С. та Броді, Р.Д. (1994) Вплив методів портфельного планування на прийняття рішень: Експериментальні результати. *Міжнародний журнал досліджень у сфері маркетингу.* 11(1), с. 73-84.

Флейшер, К.С. и Бенсуссан, Б.Е. (2003) *Стратегічний і конкурентний аналіз: Методи і прийоми аналізу ділової конкуренції.* Upper Saddle River: Prentice Hall.

Хембрік, Д. К., Макміллан, І. К. та Дей, Д. Л. (1982) Стратегічні атрибути та результати діяльності в матриці BCG. Аналіз промислових підприємств, що виробляють продукцію на основі PIMS. *Журнал Академії менеджменту.* 25(3).

MASLOW'S HIERARCHY OF NEEDS
THE SWOT ANALYSIS
Personal accomplishment

Видавець забезпечує достовірність опублікованої інформації,
за яку, однак, не несе відповідальності.

Майстер ISBN : 9782808601221
Паперовий ISBN : 9782808602679
Юридичний депозит: D/2022/12603/268

Цифровий дизайн: Primento,
цифровий партнер видавництва.